Felix Albert Küchler

Klimaschutz konkret

Felix Albert Küchler

Klimaschutz konkret

Gemeinsam auf dem Weg zu Netto-Null

Bibliografische Information der Deutschen Nationalbibliothek:
Die Deutsche Nationalbibliothek verzeichnet diese Publikation in der
Deutschen Nationalbibliografie; detaillierte bibliografische Daten sind
im Internet über http://dnb.dnb.de abrufbar.
© 2019 Felix Albert Küchler
Herstellung und Verlag: BoD – Books on Demand, Norderstedt
ISBN: 978-3-7504-1961-2

Im Andenken an Martin Vosseler.

Für ein erdverträgliches Leben.

Inhalt

Vorwort

Klimaschutz wird gelingen, wenn alle sich auf den Weg begeben und wenn individuelle und kollektive Taten sich ergänzen.

Der Pädagoge und Sozialreformer Pestalozzi hat den Slogan geprägt "Mit Kopf, Herz und Hand". Auf den Klimaschutz angewandt:

- Die Wissenschaftler*innen sind klar: eine solch schnelle, starke, globale Klimaerwärmung gab es noch nie und sie ist von uns Menschen gemacht.

- Wir spüren es: so kann es nicht weitergehen, mit diesem verschwenderischen Konsum, mit der Verschmutzung von Boden und Luft, von Wasser und Meeren.

- Viele Lösungen sind bereits da. Pioniere machen schon Konkretes für den Klimaschutz. Handeln ist möglich und dringend nötig.

Tragen Sie bei, in Gedanken, Worten und Werken. Es gibt unzählige Möglichkeiten kleine oder grosse Schritte in Richtung Wandel zu tun. Im Alltag, bei Kaufentscheiden, mit Klimaschutz-Taten und -Aktionen oder bei der Verbesserung des vorliegenden Buches.

Diese erste Auflage ist unperfekt und nicht vollständig. Die Inhalte waren schon lange angedacht und zum Teil seit Jahren umgesetzt. Aber die Ausgestaltung dieses Buches erfolgte innert weniger Tage, um die Synergien mit den Klima-Kandidaturen für den Bundesrat von Dezember 2019 zu nutzen.

Einleitung

Seit Greta Thunberg im August 2018 mit Schulstreik auf die kommende Klimakatastrophe aufmerksam macht, läuft Vieles. Noch sind es vor allem Protestaktionen und Demonstrationen. Diese bewirken, dass in den Menschen, die sonst nur Mainstream-Medien konsumieren, das Thema Klimaschutz präsent wird. Diesen Kampagnen, die von der Basis kommen, ist es zu verdanken, dass jetzt viel über fossile Energien und Treibhausgase diskutiert wird.

Noch wird die Verantwortung herum geschoben. Sind die Erdölkonzerne, die Politiker*innen, die Konsument*innen oder gar dunkle versteckte Mächte Schuld an der Klimakrise?
Wir leben in einem System, das in den letzten Jahrhunderten gewachsen ist. Es hat uns sehr viele Fortschritte und Annehmlichkeiten gebracht. Wir sind alle daran beteiligt, als Nutzniesser*innen, als Dienstleister*innen, als Produzent*innen, als Kapital-Geber*innen oder -Nehmer*innen.

Dieses Büchlein zeigt Handlungsmöglichkeiten auf allen Ebenen: für Individuen, Familien, Gemeinschaften, Vereine, Klubs, für Gewerbe, Industrie und Handel, für Dienstleistungsbetriebe. Dieses freiwillige Handeln, das Vorangehen mit dem guten Beispiel ist ur-demokratisch. In Anlehnung an Mahatma Ghandi: Ich mache die Veränderung, die ich von anderen erwarte.

Politiker*innen sind zunächst einmal Individuen, haben Familie, ein Zuhause. Sie sind dann glaubwürdig, wenn sie das leben, was sie versprechen. Zusätzlich gibt ihnen die Gesellschaft eine übergeordnete Verantwortung. Politisches Handeln heisst Gesetze erlassen und durchsetzen. Dies heisst dann Gebote und Verbote, Lenkungsabgaben oder Steuern. Der Klimaschutz wird gelingen, wenn viele kleine oder grosse Schritte in die richtige Richtung sich gegenseitig ergänzen und verstärken.

Die Klima-Erhitzung ist der Kristallisationspunkt für einen grundlegenden Wandel in den verschiedenen Lebensbereichen. Diese Veränderungen bringen einen grossen Entwicklungsschub für die Menschheit: mehr Unabhängigkeit, weniger Verschmutzung, mehr Lebensqualität, Gerechtigkeit, Wahrheit und Frieden.

Aspekte der aktuellen Klimakrise

Zurzeit ist eine Diskussion im Gange ob Netto-Null Treibhausgas-Emissionen per 2030 oder 2050 zu erreichen sei. Meines Erachtens ist es wichtig und dringend sich auf den Weg zu machen. Der Weg ist das Ziel. Die eine Änderung wird andere auslösen. Es kommt ein Wandel in Bewegung, der sich dann selbst verstärkt.

Jeder individuelle oder kollektive, jeder lokale, regionale oder internationale Schritt für den Klimaschutz soll gewürdigt werden. Unkonventionelle, emotionale Aktionen wie Greta Thunberg's Schulstreick für das Klima, mögen wenig CO_2 einsparen, können jedoch eine Welle mit vielfältigen Wirkungen auslösen. Das jetzige Hickhack unter Politikern, leider auch unter Wissenschaftler*innen, die Berechnungen und Argumentationen welches die bessere, effizientere Massnahme sei, erachte ich als wenig zielführend.

Wesentlich ist ein grundsätzliches Neu-Denken der menschlichen Gesellschaft, das dann schnell zu neuen Lebensinhalten und damit zu gewandeltem Handeln und schliesslich veränderten Gewohnheiten führen wird.

Oft halte ich in letzter Zeit bei einem Element unserer modernen Industriegesellschaft inne und frage mich: Wird das in 100 Jahren auch noch so sein? Meistens ist meine Antwort "nein".

Wählen Sie selbst aus den 10 folgenden Beispielen dasjenige oder diejenigen aus, welche(s) sie erhaltenswert finden, und das/die mit Netto-Null vereinbar ist/sind.

- Zu Zweit in einem 150 m^2 Appartement im String und barfuss (auch im Winter) wohnen und sich von der UV-Lampe bräunen lassen.

- Das Auto vor mir bläst mir seine Abgase ins Gesicht, oder: dass jeder zweite Erwachsene ein Privatauto mit Verbrennungsmotor besitzt.

- Fünfmal in der Woche frühmorgens (im Winter nächtens) vom Wecker geweckt werden, eine Stunde pendeln, in einem auf 22°C geheizten Büro 8 Stunden lang sitzen.

- Mit ansehen, dass es auf unserem Planeten gleichzeitig Milliardäre und Verhungernde gibt.

- Von Werbung aufgedrängt bekommen was ich zu "liken" und zu konsumieren habe.

- Dass Menschengruppen andere Menschen mit Verlockungen in die Sucht (Alkohol, Drogen, Zigaretten, Medikamente, Fettsucht, Magersucht...) und den vorzeitigen Tod treiben.

- Dass ich in der Natur immer wieder Erholung und Ruhe finde und einen Beitrag zu meiner Ernährung (Beeren, Pilze, Nüsse, Blätter).

- Bei Familien- und Vereins-Festen wird materieller Überfluss inszeniert und das Essen steht im Mittelpunkt.

- Dass Spitzensportler ihr Leben oder ihre Gesundheit aufs Spiel setzen, um Menschenmassen Unterhaltung zu bieten.

Abirrungen vom Prinzip "Leben" und Wiederfinden des Entwicklungsweges

Die letzten zwei Jahrhunderte haben der Menschheit riesige Fortschritte in den Bereichen Wissenschaft, Forschung und Entwicklung gebracht. Die neuen Erkenntnisse und Technologien ermöglichen, dass Nahrung aus aller Welt verfügbar ist, dass viele Krankheiten besiegt sind, oder eine fast unbegrenzte Mobilität und Telekommunikation.

Die Nebenwirkungen dieser Moderne werden zunehmend sichtbar. Gifte und Lärm wirken auf Körper und Psyche des Menschen. Luft, Flüsse, Seen und Meere, der Boden und die Wälder leiden. Pflanzen und Tiere sterben aus.

Der Lebensbaum Menschheit

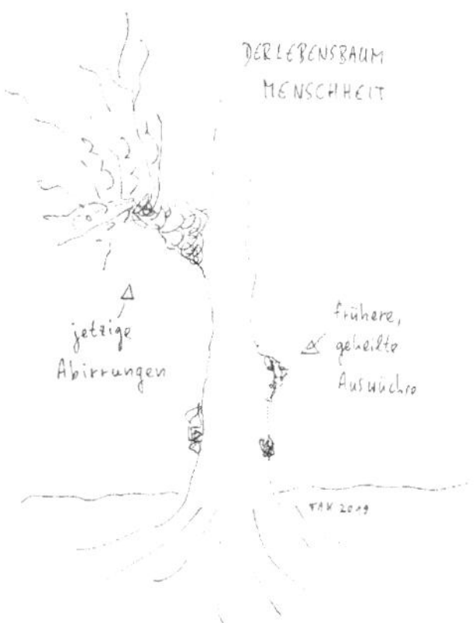

Der Stamm des Baumes stellt den Kern des Lebens dar, sagen wir das Physisch-Materielle. Die Äste wären das Psychisch-

Seelische und die Blätter das Geistig-Spirituelle. Äste und Blätter sind notwendig für das Leben. Ein nur körperliches Dasein ist kaum möglich.

Nun haben sich in den letzten Jahrtausenden mancherlei Geschwüre aus dem Stamm heraus gebildet und sind auch wieder verschwunden. In denke an Pharaonen- und Mumien-Kult mit all den Pyramiden, an Kreuzzüge und religiösen Fanatismus, an Sklaverei durch Handelsmächte.

Das makro-globale Geschwür, das wir heute wieder loswerden müssen ist ein eng verzahntes Räderwerk von Wirtschaft-Erdöl-Geld-Politik-Zentralismus-Macht-Gewaltkult-Waffen-Krieg-Sexgeschäft-Drogen-und.... Dieses System will abhängig machen, es säht Angst und Zweifel, muss manipulieren oder drohen um sich zu erhalten und duldet weder Widerstand noch Alternativen.

Dieses Konglomerat verkalkt und verhärtet zunehmend. Es präsentiert sich wie ein Brocken Nagelfluh (ein für die Schweiz typisches Konglomerats-Gestein). Dieses Gestein muss sich auflösen. Die verschiedenen Farben und Formen der Elemente sollen wieder frei ans Tageslicht kommen. Diversität und dynamische Verbindungen sind die künftigen Eigenschaften für das Lebendige.

Die Gesellschaft muss neu konstruiert werden. Sie wird es von selbst tun, es braucht nicht abermals zentralen Dirigismus. Die jetzigen Mächte müssen es nur zulassen. Die Basis ist die Natur, die uns Luft, Licht, Wasser und Nahrung schenkt. Die Pfeiler sind Empathie und Teilen, Wahrheit und Ehrlichkeit, Bescheidenheit bis hin zu materiellem Minimalismus, denn Seele und Geist sind genauso wichtig wie das Materielle. Das Individuum wird seinen angeborenen Impulsen als soziales Wesen folgen und sich wieder als Teil eines kosmisch Ganzen erleben. So wird die dringend nötige Entwicklung möglich.

Vision 2053, oder: "Il faut reconstruire la société"

Die Hälfte meines (Berufs-)Lebens verbrachte ich in Afrika. Es war um das Jahr 1990. Der Benin war in einem Wandel vom Marxismus-Leninismus hin zur Demokratie nach westlichem Muster. Jene hoch angesehene Persönlichkeit, die diesen Prozess leitete, gab mir im persönlichen Gespräch ein Vermächtnis mit auf den Weg: "Die Gesellschaft muss neu wiederaufgebaut werden."

Climate-Fiction

Lasst uns die CO_2-Budget-Landsgemeinde in SolarCity anno 2053 beobachten. In grossem Kreise sitzen etwa 200 Menschen auf Matten und Decken am Boden. In der Mitte spielen die jüngsten Kinder mit allerlei Holz, Steinen und Wasser. Jurten, Tipis und Zelte sind frohe Farbtupfer auf dem Gelände. Die Versammlung auf dem von hohen Nuss- und Kastanienbäumen beschatteten Platz beginnt mit einem Lied und einem Reigen. Kinder allen Alters tanzen in der Mitte mit.

Bald teilen sich die Jugendlichen, Erwachsenen und älteren Menschen in ein Dutzend Konsensgruppen auf. Jede Gruppe führt Dialoge über eines der vorbereiteten Themen. Es geht darum zu den Bereichen Spirituelle Entwicklung, sich Befreien von althergebrachten Erziehungsmustern, Persönlichkeits-bildung bezüglich gemeinschaftlichem Handeln, Ernährung durch Selbstversorgung und Tausch mit Nachbargemeinden, Energieversorgung, regionale Währung, Integration von Menschen mit speziellen körperlichen oder psychischen Voraussetzungen, Umgang mit Besuchern mit anderem ethischen Hintergrund, Organisation der Gemeinschaftswerktage in Wald, Bach und Feld, Vorbereiten des anschliessenden Jahreszeitenfestes.

Jede Gruppe findet ihre eigene Dynamik nach dem Prinzip, dass Ideen gleich ansatzweise umgesetzt werden. Daraus resultiert eine kurze Inszenierung, welche im Plenum vorgespielt und erläutert wird.

Einzelne gemeinsame Aufgaben die viele Hände brauchen, werden während der fünftägigen Versammlung auch gleich erledigt. Am Schluss ist das Roggenfeld von Hand geerntet und genug Holz für den Winter liegt bereit.

Eine konsensuale Entscheidfindung betrifft die CO_2-Rechte. Wo will die Gemeinschaft die 200 Tonnen CO_2-eq einsetzen? Soviel steht für ein Jahr zur Verfügung. Damit hängt die Frage zusammen, wie viel Gewicht auf das Bilden von CO_2-Senken gelegt werden soll.

Jede der 10 Arbeitsgruppen hat die ungefähre CO_2-Bilanz ihres Lebensbereiches errechnet. Zum freudigen Erstaunen aller, sind die Treibhausgas-Emissionen kein Problem, denn sie liegen tiefer als die Absorptionskapazität des gesamten Gemeindegebietes. Die Gemeinschaft beschliesst ihre CO_2-Rechte an eine Nachbargemeinde zu verschenken, welche in einem ungünstigeren Umfeld lebt.

Während des Treffens, das eine "Quinte" (die neue 5-tägige Woche; ein Jahr hat 73 Quinten) dauert, haben Jugendliche und Erwachsene abwechselnd Lebenswelten für die Kleinkinder und Kinder gestaltet. Eine andere Gruppe, in wechselnder Besetzung war für die gemeinsamen Mahlzeiten besorgt. Ausser einigen exotischen Gewürzen und Zutaten waren alle Lebensmittel von eigener regionaler Provenienz.

Menschen mit besonderen Fertigkeiten, stellen ihr Können zur Verfügung: Kleider nähen, Heilmittel und Kosmetika herstellen, Pflanzenkohle pyrolisieren, einen Wurmkompost errichten, horizontale Gouvernanz erlernen usw.

Nach Schluss des Treffens begeben sich die verschiedenen Gruppen zurück in ihre dezentralen Lebenswelten. Material wird mit solarbetriebenen Kleinst-Lastwagen transportiert. Der Austausch war vielfältig und beglückend.

Wir sind im 3. Jahrtausend angekommen

Ich bin unendlich dankbar für das Leben. Auf unserem blauen Planeten mich entfalten zu dürfen, erfüllt mich mit grosser Dankbarkeit. Ohne materielle Sorgen, im Wohlstand, mit grosser persönlicher Freiheit und vieles mehr: dies ist ein Privileg der heutigen westlichen Oberschicht. Dazu gehöre ich. Mein Dank geht an die Generationen vor mir. Sie haben vor tausend Jahren Ländereien urbar gemacht. Später Werkzeuge und Technologien entwickelt, die uns das Leben erleichtern. Forscher*innen haben Tag und Nacht Naturgeheimnisse zu lüften gesucht und Vieles ist ihnen gelungen, dank selbstlosem Einsatz. Energien wurden nutzbar gemacht: Wind, Wasser, Kohle, Gas, Erdöl und kürzlich die Sonne. Statt abgenutzt mit 50 Jahren zu sterben, erfreuen sich heute die Meisten eines langen Lebens.

Diese Fortschritte und Freiheiten mussten oft erkämpft werden. Dabei ist ein Geist vorherrschend geworden: Konkurrenz, Missgunst, Geheimhaltung, Neid, Dominanz, die Macht des Stärkeren, Schnelleren, Schlaueren. Dies sind bis heute die Strategien im zivilen und militärischen Kampf.

In den Hintergrund trat, dass der Mensch ein soziales Wesen ist. Empathie, Hilfsbereitschaft, Solidarität sind die Urcharakteristika des Homo Sapiens.

Ich habe an zahlreichen Treffen der Klima-Jugend teilgenommen. Dort herrscht ein neuer Geist. Wir sitzen im

Kreis. Jemensch hat reihum das Wort. Wir hören einander zu. Es gibt keine direkten "ja-aber"-Entgegnungen, kein Hick-Hack wer Recht hat. Alle haben ein gemeinsames Ziel, den Klimaschutz, ein vernünftigeres, einfacheres, ressourcenschonenderes Leben. Wir suchen Konsens. Wir wollen einig sein, unsere Kräfte bündeln, nicht uns verlieren in spitzfindigen Details und Besserwissereien. Das Ego tritt zurück. Es herrscht eine offene, direkte Stimmung. Niemand hat Angst, Andere zu beleidigen, weil niemand schnell beleidigt ist. Wir alle sind auf der Suche, auf einem neuen Weg. Jeder Schritt in die richtige Richtung ist willkommen.

Dieser neue Geist entfesselt vielfältige Lebensenergien. Die individuelle und kollektive Tat rückt in den Vordergrund, das Dirigieren und Verwalten in den Hintergrund. Initiativen überschneiden sich, laufen manchmal parallel. Es sieht nach Redundanz aus, nach Ineffizienz. Doch es sind jedes Mal einmalige Taten von verschiedenartigen engagierten Menschen in ihrem spezifischen Umfeld. Menschliche Biodiversität in Kopf, Herz und Hand.

Freiheit und Verantwortung, zwei miteinander verbundene Begriffe. Wer anders, als freie, reiche, gebildete Menschen wie in der Schweiz sind prädestiniert, den Klimaschutz zu verwirklichen und in die Welt hinaus zu tragen? Wir haben grosse Reichtümer angehäuft, oft auf Kosten der Ärmeren und der Natur. Jetzt ist es Zeit in Dankbarkeit zurückzugeben, zu verschenken, grosszügig, selbstlos. Was gibt es Schöneres als das Glück des Mitmenschen?

Neuorientierung der Gesellschaftsbereiche

Wirtschaft

Grundwerte

- Enkeltauglich: künftige Generationen haben Zugang zu mindestens so viel Ressourcen und Möglichkeiten wie wir.
- Kreislauf-Wirtschaft. Die letzten Jahrzehnte konzentrierten sich auf Produktion; in diesem Jahrzehnt (2020-2030) liegt der Akzent auf Recycling, Aufräumen und Entgiften.

Konkret

- Die Produktion wird auf Waren und Dienstleistungen fokussiert, die einen Beitrag zum Leben und zur Lebensqualität leisten: Lebensmittel, Wasser; Schlafen (Ruhe); Soziales, Kulturelles, Spirituelles; Natur als Lebensgrundlage und Erholungswelt.
- Die Art der Produktion wird emissionsfrei, lärmfrei, stressfrei.
- Vor allem die lokale, auch die regionale und nationale Wirtschaft wird gefördert. Dezentralisierung: kleine, persönliche, flexible, menschliche Betriebe. Kurze oder keine Pendlerstrecken; kurze Transportwege für Rohstoffe und Produkte. Dezentrale Energieversorgung (Sonne, Holz).
- Produkte und Verpackungen müssen weitestgehend und einfach recyclierbar sein.

> Apparate, Geräte, Maschinen sollen eine lange Lebensdauer (10 bis 90 Jahre) haben und einfach zu reparieren sein.

> Es kommt von selbst zu einer Verlangsamung, zu einer "decrescita felice".

> CO_2-Rechte attribuieren. Gemäss breiten Umfragen vor allem unter der jungen Generation: wo wollen wir künftig "unsere" CO_2-Equivalente einsetzen?

> Eine parallele Währung einführen: nebst CHF kommt das CO_2 als Währung. Bei Produkten, Dienstleistungen, Produktions- und Recycling-Schritten nicht nur den Preis in CHF sondern auch in CO_2 und anderen Emissionen berechnen und angeben.

> Die Schweizerische National-Bank (SNB) unterstützt, fördert die obige Reorientierung in Richtung Klima-Neutralität.

Klima-Wirkung

Transporte von Personen und Waren nehmen ab.

Die Kehrichtverbrennungs-Anlagen (KVA) können auf 1/10 reduziert werden; dies ermöglicht eine Reduktion der CO_2-Emissionen von 1 Million Tonnen pro Jahr.

Soziales

Grundwerte

- Viele Jahrzehnte lang stand die arbeitende Altersgruppe (16 bis 66 jährig) im Mittelpunkt. Jetzt gilt es die Aufmerksamkeit hinzulenken auf Kinder und ältere Menschen.

- Vor allem Klein-Kinder. Sie sollen nicht mehr störend erscheinen in unserem Räderwerk, sondern unsere volle Zuneigung erhalten.

- Jeder Mensch kommt mit einem Auftrag zur Welt. Diesen hören bei den Kindern, nicht zerstören durch Erziehung und Schule.

Konkret

- Mehr Gemeinschaftliches. Das Leben, das Wohnen spielt sich weniger in Einfamilienhäusern und individuellen Wohnungen ab, sondern vermehrt in Gemeinschaftsräumen und kollektiv gepflegten Lebenswelten.

- (Klein-)Kinder brauchen: Erwachsene Bezugs- und Bindungs-Personen (Eltern, Grosseltern und viele mehr). Natur, zum Entdecken, Erleben, Erfahren, Lernen. Ruhe, Langsamkeit oder besser: an ihren Rhythmus Angepasstes. Ernährung: Muttermilch, dann Gemüse, Getreide.. Bewegung: eigene Bewegung, viel und vielfältig; nicht fremdgemachte Mobilität (Auto etc.). Entspannung: Ruhe, Dösen, Träumen, Schlafen; Stille,

Sicherheit, Geborgenheit, menschliche Wärme. Wald-Spielgruppen, Wald-Kindergärten, Wald-Schulen.

> Wir streben eine Gesellschaft an, die frei von Diskriminierung und sozialen Ungleichheiten ist. Wir reflektieren die eigenen Gewohnheiten in Sprache und Umgang mit Menschen anderer Hautfarbe, Kultur oder Religion. Mit konstruktivem Feedback machen wir unsere Mitmenschen auf unfaire Verhaltensweisen aufmerksam.

> In der neuen Ära fühlen sich die meisten Menschen meistens wohl in ihrer Lebenswelt. Das Bedürfnis dem Lärm und Stress zu entfliehen nimmt ab. Rückzug oder Ferien gelingen gut zu Fuss oder mit sanfter Mobilität. Entdeckungsreisen in ferne Regionen bedeuten eine längere Auszeit. Somit können diese Weitreisen mit dem Zug, Schiff, Velo oder sogar zu Fuss unternommen werden.

Klima-Wirkung

Der Zementverbrauch wird auf 1/10 reduziert, denn es braucht weniger Häuser, Schulgebäude, Autobahn-brücken oder Tunnels.

Die fremd-Energie-Mobilität nimmt ab auf die Hälfte. Von dieser Hälfte wird 9/10 elektrisch (Sonne, Wasser, Wind) angetrieben.

Umwelt

Grundwerte

- Der Mensch ist Teil der Natur. Er braucht Licht, Luft, Wasser, fruchtbaren Boden und Pflanzen zum Leben.
- Der Mensch muss Sorge tragen zu seiner Lebensgrundlage - der Natur - durch die Art und Weise wie er lebt.

Konkret

- Die Errungenschaften der Forschung, Entwicklung und Technik müssen dahin weiterentwickelt werden, dass sie keinen Schaden anrichten. Das heisst, (fast) keine CO_2eq emittieren, keine Gifte in die Natur entlassen, keinen Lärm oder andere Belästigungen verursachen.
- Natürliche Rohstoffe (Pflanzenfasern, Holz, Gummi, Metalle, Stein) ersetzen die chemischen, denn heute sind fast alle Kunststoffe Erdöl-basiert.
- Das Potential der Natur als Regulatorin und Ausgleicherin wird genutzt. Ein Beispiel sind spontane Wiederbewaldungen. Damit werden zugleich Lebensgrundlagen für die Menschen wiederaufgebaut.
- Die Landwirtschaft ist naturnah gestaltet. Vor allem die pflanzliche Biodiversität und Artenvielfalt werden gefördert. Der Kampf gegen Unkraut oder Schädlinge tritt in den Hintergrund. Die Fruchtbarkeit des Bodens nimmt zu, dank Humusaufbau (Kompost, Mulch, Pflanzenkohle).

> Die Ausbeutung von Mineralien und fossilen Energieträgern nimmt drastisch ab. Das Recycling von vorhandenen Rohstoffen und erneuerbare Energien decken den Bedarf weitgehend. Die verbleibenden Minen und Förderstellen entsprechen höchsten ökologischen Standards.

Klima-Wirkung

Die chemische Industrie und die Plastik-Herstellung können auf 1/10 reduziert werden.

Land- und Forstwirtschaft werden zu bedeutenden CO_2-Senken.

Wandel in den verschiedenen Lebensbereichen

Landwirtschaft - Lebensmittel

Der Primärsektor, die Landwirtschaft kommt an erster Stelle. Denn: von was leben wir? Wohl kaum von solch abstrakten Begriffen wie Wirtschaft, Geld, Konsum oder Vorsorge.

Lebensmittel sind die Mittel zum Leben. Zusammen mit Luft und Wasser, ist Nahrung das Wichtigste. Niemand wird gerne einen Banknoten- oder Aktien-Salat verspeisen. Der direkte Kontakt zur Natur bringt zudem Freude, Entspannung, Ruhe.

Die Essenstradition in der Schweiz wertet Fleisch und Käse hoch. Für die Gesundheit und das Klima ist jedoch eine weitgehend pflanzliche Ernährung empfohlen.

Monokulturen werden zu Biodiversitäts-Landschaften. Industrielle, mechanisierte Landwirtschaft lässt Platz für viel Eigenarbeit, was gleichzeitig Fitnesstraining bedeutet. Immer mehr Menschen - Jung und Alt - beteiligen sich am Pflanzen, Pflegen und Ernten der Lebensmittel.

Im Vertrauen auf die multiplen Interaktionen in der Natur, braucht es weniger Pestizide und künstliche Eingriffe: mit der Natur wirtschaften, nicht gegen sie, unm irgendein Unkraut, Pilz oder Insekt zu bekämpfen.

Das Weiterentwickeln von Kulturpflanzen geht in Richtung Resistenz, Nährstoffgehalt und Geschmack. Transport- und

Lagerfähigkeit treten in den Hintergrund, da viele Produkte selbst gepflückt und direkt konsumiert oder verarbeitet werden. Lokale und regionale Verteil- und Tauschnetze ersetzen Transporte und Importe. Vertragslandwirtschaft, Vereine und Kooperativen sind die neuen Organisationsformen.

Ein besonderes Augenmerk verdienen potentielle Nahrungsmittel, die heute ungenutzt sind. Ein Beispiel: In Rebbaugebieten werden jedes Jahr grosse Mengen Traubenkerne weggeworfen statt daraus kostbares Traubenkernöl zu gewinnen.

Es ist erwiesen, dass der in der Schweiz verfügbare Ackerboden 10 Millionen Menschen vollständig ernähren kann. Dafür braucht es einen Wandel: mehr Ackerbau und weniger Viehzucht. Dies bedingt eine Verbesserung der Bodenqualität von jetzigen Weideflächen hin zu Ackerland. Dafür kann Biomasse - aus Küche, Garten und Forst - eingesetzt werden, durch grosszügiges Mulchen sowie Ausbringen von Pflanzenkohle. Die neue Landwirtschaft ist von Permakultur-Methoden inspiriert.

Bald wird die Lohnarbeit abnehmen. Zeit wird frei für eine teilweise Selbstversorgung. Der "Essbare Waldgarten" rund um die Siedlung produziert das ganze Jahr etwas: Getreide, Kartoffeln, Gemüse, Salat, Beeren, Obst und Nüsse. Transporte und Verpackung entfallen. Auch das Wegwerfen von

Nahrungsmitteln gehört der Vergangenheit an. Im schlimmsten Fall landet ein Lebensmittel im Kompost. Und das ist gar nicht so schlimm: es macht den Boden wieder fruchtbar. Der Kreislauf schliesst sich.

Bauen, Wohnen

Die Hitparade der Fabriken in der Schweiz, welche am meisten CO_2 ausstossen lautet: Plätze 1, 2, 3, 4, 6, 8 und 9 sind alles Zementfabriken.

Beim Herstellen von Zement werden fossile Energien - Erdöl, Kohle - eingesetzt. Zudem wird beim chemischen Prozess, welcher Kalkstein in Zement umwandelt, viel CO_2 frei.

Die Zement- und Bauwirtschaft hat in den letzten Jahrzehnten einen enormen Boom erlebt. Wandel für das Klima bedeutet, sorgfältig zu planen, wo der Einsatz von Beton unerlässlich ist. In den meisten Fällen erfüllen Materialien wie Stein, Holz, Lehm oder Pflanzenfasern denselben Zweck, ohne Treibhausgasemissionen.

Wohnen hat eine soziale Dimension. Die Lebensqualität steigt, wenn statt verzettelten Eigenheimen mehr gemeinsam belebte Räume und Flächen verfügbar sind. Raumplaner und Architekten sind gefordert. Wenn die Wohn- und Lebensverhältnisse sich ändern, wird mensch gerne, nebst seinem Individualismus auch Gemeinschaftlichkeit pflegen.

Der Bedarf an Wohnfläche pro Person nimmt ab, damit auch der Konsum von vielen Gütern: Baumaterialien,

Inneneinrichtungen, Haushaltgeräte. Letztere werden künftig vermehrt kollektiv genutzt.

Heizen und Kühlen

Bei hohem Sonnenstand im Sommer beschattet ein Vordach oder Photovoltaik die Fassade. Kein direktes Sonnenlicht dringt durch die Fenster ein. In den Räumen bleibt es kühl. Im Winter strahlt die tiefstehende Sonne direkt in die Wohnräume. Gut isolierende Fenster ermöglichen das Auffangen und Speichern dieser Gratis-Wärme.

Die Schlaf- und Nebenräume müssen kaum beheizt werden, da dort nicht mehr als 15° bis 17°C erwartet wird. Ein warmes Duvet gibt in der Nacht wohlige Wärme und die Luft bleibt genug feucht, um gesunde Atmung zu ermöglichen. Auch in den Wohnräumen genügen 20°C. Ein Pullover und Socken, beides aus einheimischer Wolle: ein gutes Gefühl und ein konkreter Beitrag zum Klimaschutz.

Isoliert werden die Gebäude mit natürlichen Materialien wie Holz, Papier oder Wolle. So können sie "atmen".

Die grosszügig angelegten Gemeinschaftsräume sind durch moderne Holzherde, Holz-Backofen und Specksteinöfen beheizt. Wasserwärmespeicher helfen bei der Überbrückung von Kälteperioden. Insgesamt nehmen die auf Wohntemperatur geheizten Räume deutlich ab. Dies auch weil in der gewandelten Gesellschaft weniger Büros für allerlei

Dienstleistungen nötig sind. Mehr Zeit steht für das Leben in und mit der Natur zur Verfügung.

Siedlungen sind in Gärten und Wäldern eingebettet. Durch die Verdunstung bringen die Pflanzen angenehme Kühlung. Laubbäume haben den zusätzlichen Vorteil, dass sie im Sommer Schatten spenden und im Winter die Sonne durchlassen. Nuss- oder Kastanienbäume liefern gleichzeitig wertvolle Nahrung.

Raumplanung für die Menschen

Jede Altersgruppe hat ihre spezifischen Bedürfnisse. Schwangere Mütter suchen Entspannungs- und Austauschmöglichkeiten. Säuglinge brauchen eine ruhige, sichere Umgebung in engem Kontakt mit den Bindungspersonen. Die Eltern teilen gerne mit Gleichgesinnten ihre Betreuungsaufgaben. Kleinkinder im Alter von 1 bis 3 oder 4 Jahren wollen die Welt entdecken, in ihrem eigenen Rhythmus. Mit "die Welt" ist vor allem die Natur gemeint, mit ihrer Vielfalt, Farbenpracht, den verschiedensten Formen, Gerüchen und Geschmäckern.

Heutige Spielplätze sind oft völlig ungenügend. Entdeckungs-Oasen mit hoher Diversität von natürlichen Materialien - Steine, Holz, Wasser, Sand, Blätter - entsprechen dem Forscherdrang der Kleinen.

Jugendliche haben andere Bedürfnisse. Sie wollen gerne werken, entdecken, ausprobieren. Viel darf spielerisch-zweckungebunden sein. Manches darf ruhig in Richtung Mitverantwortung-Tragen gehen. Menschen sind von Natur aus hilfsbereit, sie wollen beitragen zum Kollektiven. Gartenbau, Kompostieren und Mulchen, Holzarbeit, Kochen, Backen, Trockensteinmauern Bauen, das sind Beispiele was Jugendliche zum Gemeinwohl beitragen können. Eingeübt werden kann Solches anlässlich der "Fridays For Future".

Wenn Familien und Erwachsene an ihrem Wohn- und Lebensort sich wohl fühlen, vielfältige Kontakt- und Austauschmöglichkeiten haben und auch Rückzug und Alleinsein pflegen können, so wird der Bedarf an Fernreisen abnehmen. Ferien können zusammen mit gleichgesinnten Nachbarn vor Ort gestaltet werden. Auf dem Gemeinschaftsplatz steigt ein Sing- und Tanzfest, ein Geschicklichkeits-Parcours wird erfunden und eingerichtet, Freunde kommen zu Fuss oder mit dem Velo und können in den Gästezimmern des Gemeinschaftsgebäudes übernachten.

Ältere Menschen sind im Sinne des Mehrgenerationen-Lebens Teil der 20- bis 200-köpfigen Communities. Auch sie haben ihre eigenen Bedürfnisse. Wenn alles ebenerdig und in der Nähe erreichbar ist, so bedeutet dies Erleichterung und ermöglicht vermehrte Teilnahme. Senior*innen haben wieder eine Funktion in der Gemeinschaft.

Wie die Geburt so gehört auch der Tod zum Leben. Je nach individuellem Wunsch soll das Sterben Platz haben in diesen Orten und Räumen. Zudem sind Oasen der Stille, des Rückzugs, der Einkehr nicht nur für Menschen am Lebensende wichtig.

Gesundheit

Ein Paradigma-Wechsel ist fällig. Statt mit weiter ansteigenden Kosten vermeidbare Krankheiten zu reparieren, bietet das Konzept der "Gesundheitsförderung" mehr Selbstständigkeit und mehr Lebensfreude mit weniger Konsum und Verschleiss.

Gesundheitsförderung geht weiter als Prävention. Es wird nicht nur gegen Krankheiten und Unfälle vorgebeugt, sondern jeder Mensch ist befähigt, seine Gesundheit zu stärken und zu erhalten.

Dies geschieht am besten im Alltag und mit Veränderungen der Lebensverhältnisse. Wer einen sicheren Vcloweg zur Arbeit hat, wird automatisch zu täglicher Bewegung kommen. Ein vielfältiges Angebot an frischen pflanzlichen Lebensmitteln zu günstigen Preisen wird auch genutzt werden. Entspannungs-Inseln am Arbeitsplatz, zu Hause, in öffentlichen Räumen ermöglichen ein Chillen und Zu-sich-selbst-Kommen mehrmals täglich. Belastender Stress gehört der Vergangenheit an.

An Stelle von Werbung für mehr Konsum von Gesundheits-Zubehör oder -Dienstleisungen treten konkrete praktische Lernmethoden für den Rücken, den Schlaf, das Brillen-freie Sehen, das Pflegen des Gehörs, der Zähne, der Füsse. Heute häufige Krankheiten und Leiden werden als weitgehend vermeidbar erkannt: Herz-Kreislauf-Probleme, Diskushernien, Halux valgus, Übergewicht, Zuckerkrankheit und vieles mehr.

Statt zu warten bis die 'Maschine' Mensch nicht mehr funktioniert, lernen wir unseren Organismus zu schätzen und zu pflegen. Durchaus auch auf spielerisch-fröhliche Art: Lachen, Singen und Tanzen sind äusserst gesund.

Schule

"Nicht für die Schule, sondern für das Leben lernen wir." Lebenslanges und lebenspraktisches Lernen hat viel mit Fertigkeiten und wenig mit blossem Wissen zu tun.

Die Schultradition stammt aus einem Zeitalter, wo wenige Menschen viel Wissen zentralisiert hatten. Heute ist Wissen überall frei erhältlich, dem Internet sei Dank.

In der gewandelten Gesellschaft ist praktisches Können im Gartenbau, bei der Kinderbetreuung, im Bereich Solarenergie entscheidend, um nur wenige Beispiele zu nennen.

Übergeordnete Kompetenzen betreffen etwa Kommunikations- und Lernfähigkeit, gewaltfreie Konfliktlösung oder eine Haltung der Achtung vor dem Lebendigen und dem ganzen Kosmos.

Die neue Schule fängt in der Waldspielgruppe oder im Wald-Kindergarten an. Dann in weitgehend von den Lernenden gesteuerten Erfahrungs-Einheiten. Später im direkten menschlichen Kontakt zwischen Fachperson und Ausbildungs-Willigen.

Das Prinzip ist "training on demand". Es wird kaum mehr auf Vorrat unterrichtet und gebüffelt. Wenn Neugierde und Interesse gross sind, fallen einem Lerninhalte leicht zu.

In der nun weniger von Wirtschaft, Geld, Industrie, Forschung und Dienstleistungen geprägten Gesellschaft, bedeutet dieser Systemwandel in der Bildung weniger Gebäude (Beton), weniger unproduktives Schulbanksitzen, dafür mehr Lebendigkeit, Freude, Innovationskraft und Selbständigkeit. Dies zu Gunsten einer menschlicheren, einfacheren, natürlicheren Lebensweise.

Werbung

Klimaschutz heisst weniger Konsum, weniger Transporte, weniger Ressourcen-Verbrauch. Werbung will das Gegenteil: den Konsum anheizen.

Plakatwände werden durch Wildobst-Hecken ersetzt, das Papiervolumen von Printmedien nimmt ab, im Fernsehen und überall, wo Displays auf neue Produkte aufmerksam machen, kehrt mehr Ruhe ein.

Die Menschen treffen nach ihrem eigenen Gefühl und Bewusstsein Kaufentscheide. Ein Heer von Werber*innen und

Psycholog*innen wird frei für lebensrelevante Information und praktische Beratung über die anstehenden Fragen: Kinder, Familie, Frieden, Ökologie, Nachhaltigkeit, spirituelle Entwicklung usw.

Von Werbung Finanziertes - Spitzensport, Medienflut - nimmt wohltuend ab. Kleine Betriebe, die bislang kein Werbebudget hatten, sind weniger benachteiligt. Ihre regionalen Produkte verkaufen sie leicht, dank direktem Kundenkontakt und gegenseitigem Vertrauen.

Die städtische und auch ländliche Umgebung wird ruhiger menschengerechter. Vergangen die hektisch-bewegten farbenschillernden Grossbildschirme auf öffentlichem Grund. Vorbei die ständige Berieselung und Beeinflussung mit Bild und Ton.

Sicherheit

Was macht unsere Schweizer Armee, wenn nach ein paar Jahre Belagerung Benzin, Diesel und Flugpetrol ausgehen? Das Militär ist hochgradig abhängig von importierten Erdölprodukten. Landesverteidigung auf der Basis von Muskelkraft und Elektrizität bewahrt unsere Selbständigkeit und damit Freiheit. Nicht Kampfjets, sondern hochentwickelte elektrische Drohnen schützen künftig unseren Luftraum.

Politisches Handeln auf den 3 Ebenen

Gemeinde-Politik

Auf Gemeinde-Ebene wird vieles entschieden, zum Beispiel ob ein neues Schulhaus gebaut oder ob öffentliche Gebäude mit Photovoltaik bestückt werden sollen. Für Klima-Aktivist*innen wäre es ein Leichtes in den oft schlecht besuchten Urversammlungen (Gemeindeversammlung) eine Mehrheit zu gewinnen. Sie müssten, den Gemeindebehörden schriftlich einen Antrag einreichen und an der Versammlung so zahlreich erscheinen, dass sie die Abstimmungen gewinnen.

Die Mehrheit im Gemeinderat zu erlangen ist in kleinen Gemeinden auch relativ leicht. Beispiel: In einer Walliser Berggemeinde wohnen viele junge Erwachsene, die im Bereich erneuerbare Energien berufstätig sind. Sie kandidierten als Gemeinderät*innen, wurden gewählt und haben eine neue Energiepolitik eingeführt: die Gemeinde soll bis in ein paar Jahren ganz energie-autark werden. Das Gemeinde-eigene Kraftwerk kauft den von Privaten produzierten Solarstrom zu einem doppelt so hohen Preis als üblich ab. Dies ist Anreiz genug für die Bevölkerung, in Photovoltaik zu investieren.

Kantonale Politik

Noch weittragendere Entscheide als auf Gemeinde-Ebene werden von den kantonalen Parlamenten getroffen. Es steht beispielsweise einem Kanton frei, den Klima-Notstand auszurufen und entsprechende Massnahmen zu treffen. Solche könnten sein Fördergelder für den öffentlichen Verkehr zu sprechen oder die Umstellung von Heizungen auf Holz oder Wärmepumpen zu subventionieren.

Die verschiedenen Ämter und Dienststellen sollten dazu verpflichtet werden, eine CO_2-Bilanz ihrer Aktivitäten zu erstellen und den Ausstoss von Treibhausgasen zu limitieren. Solche Klimaziele sind dann in allen Bereichen Programm, gehören zu Ausschreibungen und Auftrags-Vergaben.

Entsprechende Wettbewerbe und Preise fördern das Umdenken und "Um-Handeln" zusätzlich.

Politik auf Bundesebene

Hier zeige ich auf, wo ich Ansatzpunkte sehe, um das Wirtschafts-Schiff "Helvetia" auf einen humanen und erdverträglichen Kurs zu bringen. Eine Entscheidung zu Gunsten des Klimas wird Aha-Erlebnisse auslösen und weitere Entscheidungen mit sich bringen.

Die hier angeführten Beispiele beruhen weitgehend auf meiner persönlichen Erfahrung. Alle Menschen, die - für eine weitere Auflage dieses Buches - konkrete Ideen und Vorschläge haben, sind herzlich eingeladen diese dem entsprechenden Departement oder mir selbst mitzuteilen.

Das Eidgenössische Departement für auswärtige Angelegenheiten (EDA)

Direktion für europäische Angelegenheiten (DEA)

Die Schweiz nimmt eine Vorreiter-Rolle ein bezüglich Klimaschutz und gesellschaftlichem Wandel. Auseinandersetzungen betreffend Wirtschaft, Handel und Geld treten in den Hintergrund. Die schweizerische Diplomatie hilft der Europäischen Union und weiteren Ländern auf unserem Kontinent demokratische konsensuale Wege hin zu einer Netto-Null-Gesellschaft zu finden. Dabei haben Reflexion über tiefere Werte, Innovation bei der Umsetzung und Empowerment der verschiedenen Bevölkerungsschichten vorrangige Bedeutung.

Die Abhängigkeit der Schweiz vom Ausland (Nahrungs- und Futtermittel-Importe, fossile Energieträger und andere Rohstoffe) ist auf ein Minimum reduziert. Dies ergibt mehr Freiraum, um bei internationalen Verhandlungen die eigene Position und Souveränität zu wahren.

Direktion für Entwicklung und Zusammenarbeit (DEZA)

Die globale internationale Zusammenarbeit wird auf zwei miteinander verbundene Ziele fokussiert: Den Heimatlosen und Migrant*innen wieder eine Zuhause verschaffen und CO_2-Senken bilden. Das erfolgreiche

Pilot-Projekt, welches diese beiden Ziele gleichzeitig schafft existiert seit 20 Jahren: newTree (www.newtree.org). Dank spontaner Wiederbewaldung unter Zaunschutz wird Wüste zu fruchtbarem Land. Dies ermöglicht vielfältige Agro-Forst-Wirtschaft. Die Menschen haben wieder eine Lebensgrundlage und sind nicht zu Landflucht gezwungen. Slumbewohner und Asylsuchende können in die Heimat zurückkehren. Der wachsende Wald und die Humusbildung sind CO_2-Senken. Insgesamt stehen im Sahel Hunderttausende von Quadratkilometern zur Verfügung. Wichtig ist, dass die Anwohner*innen direkt am Projekt beteiligt sind und die Erträge der neuen Wälder nutzen dürfen.

Ein weiteres Programm, das vom Autor, initiiert wurde, betrifft das Bevölkerungs-Wachstum. Zwei von der Weltgesundheits-Organisation (WHO) publizierte Zahlen erstaunen: Es gibt jährlich etwa 87 Millionen ungeplante (ungewollte) Schwangerschaften. Das Bevölkerungswachstum beträgt aber "nur" etwa 82 Millionen pro Jahr. Das heisst: wenn alle Frauen und Paare verhüten könnten, so gäbe es kein weiteres Bevölkerungswachstum mehr.

Das Problem ist, dass gerade die ärmsten Schichten kein oder wenig Zugang haben zu medizinischer Familienplanung (Pille, Hormonimplantat, Spirale). Genau für diese oft schulisch ungebildeten

Bevölkerungen wurde das Projekt "Maternité Désirée" entwickelt: eine rein auf Bildung basierte natürliche Methode der Verhütung.

Der Erfolg in den beiden Pionier-Ländern Benin und Niger ist überwältigend. Sowohl Christen wie auch Muslime verlangen dringend nach der Ausbildung, die lediglich darin besteht, den Zyklus zu verstehen und - für die Frauen - die Fruchtbarkeitszeichen am eigenen Körper sicher zu erkennen.

Das Eidgenössische Departement des Innern (EDI)

Bundesamt für Gesundheit

In Zusammenarbeit mit der Stiftung Gesundheitsförderung Schweiz ist ein breites, pluridisziplinäres Programm zu entwickeln, das bezweckt, die angeborene Gesundheit zu erhalten, zu fördern und zu stärken. Bewegung, Ernährung und Entspannung sind die Säulen der Gesundheitsförderung. Es geht um einen Paradigma-Wechsel von der Krankheits-orientierten Perspektive hin zur Salutogenese. Die Ottawa-Charta zur Gesundheitsförderung hat schon 1986 diesen Wandel des jetzigen kurativen Systems verlangt. Die "Health Promotion" ist ein Zweig von "Public Health" und erweitert das Konzept "Prävention" wesentlich. Es geht nicht mehr nur darum Krankheiten oder Unfällen vorzubeugen sondern die Lebensverhältnisse müssen derart gestaltet werden, dass die gesunde Wahl, die leichtere Wahl ist. Dies betrifft nicht nur die Ernährung und das Bewegungsverhalten sondern auch soziale und wirtschaftliche Aspekte. Kurz: Gesundheitsförderung verlangt nach gesamtgesellschaftlichen Änderungen.

Ich schätze, dass nach 10 Jahren vielfältiger, ganzheitlicher Gesundheitsförderung nur noch halb soviele Krankheits- und Todesfälle wegen Zivilisationskrankheiten zu beklagen wären. Das Nord-Karelien-Programm in Finnland ist dafür ein Beleg.

Das Eidgenössische Justiz- und Polizeidepartement (EJPD)

Staatssekretariat für Migration

Die Ursachen der Migration sind in Zusammenarbeit mit der DEZA und dem SECO anzugehen. Die meisten Menschen verlassen ihre Heimat widerwillig. Es sind materielle Not oder kriegerische Auseinandersetzungen, welche die Menschen in die Flucht treiben. Ausbeutung von Natur und Rohstoffen durch das aktuelle Wirtschaftssystem führen dazu, dass den Menschen in armen Ländern die Lebensgrundlage entzogen wird. Oft verschaffen sich die Ausbeuter gewaltsamen Zugang zu Erdöl-Vorkommen, Minen oder noch fruchtbaren Flächen (Amazonas). Armut und Kriegszustand verstärken bewirken doppeltes Elend.

Diese Teufelskreise werden gestoppt und durch menschenfreundliche, faire und nachhaltige, Dynamiken ersetzt. Korruption gehört der Vergangenheit an.

Das Eidgenössische Departement für Verteidigung, Bevölkerungsschutz und Sport (VBS)

Gruppe Verteidigung

Schon Anfangs 2019 haben die Klimaseniorinnen Frau Bundesrätin Viola Amherd mit zahlreichen Unterschriften aufgefordert den CO_2-Ausstoss der Armee stark zu reduzieren. Der Brief hatte folgenden Wortlaut:

"Für den wirksamen Klimaschutz fordern wir von Ihnen und Ihrem Departement:

1.   Sofortmassnahmen zu verordnen: Verbot von nicht absolut notwendigen Fahrten mit Armee-Fahrzeugen und nicht absolut notwendigen Flügen mit Armee-Flugzeugen. - Umsetzung ab sofort.

2.   Erstellen einer CO_2-Bilanz der Schweizer Armee und Identifizieren von Klimaschutz-Massnahmen, welche wirksam und umsetzbar sind,

ohne die Sicherheit zu gefährden. - Der Bericht liegt am 31. Mai 2019 vor.

3.   Umsetzung von Massnahmen, welche die Treibhausgasemissionen um mindestens 20% senken. - Ab 1. Juli 2019.

4.   Verordnen weiterer Massnahmen, welche die Treibhausgasemmissionen jedes folgende Jahr um je weitere 10% senken. - Ab 1. Januar 2020.

5.   Dem Schweizer-Volk halbjährlich Rechenschaft ablegen über den Fortschritt."

Die Klimaseniorinnen haben einen Brief zurückerhalten, in dem steht was das VBS alles schon mache. Es erfolgte keine Berichterstattung wie unter Punkt 5. gefordert. Wir müssen annehmen, dass auch die ersten 4 Forderungen nicht umgesetzt werden.

Das Eidgenössische Finanzdepartement (EFD)

Bundesamt für Bauten und Logistik

Der Bund muss eine Vorbild-Rolle einnehmen in Sachen Bauten, Logistik und Beschaffung von Materialien. Immer ist nebst dem Preis in Schweizer Franken der CO_2-Rucksack zu berücksichtigen. Holz und Stein sind als Baumaterialien dem Beton vorzuziehen. Waren mit langen Transportwegen

müssen regionalen Produkten weichen. Transporte sind
auf die Schiene zu verlagern.

**Das Eidgenössische Departement für Wirtschaft, Bildung
und Forschung (WBF)**

Bundesamt für Landwirtschaft

Die Agrarpolitik muss bewirken, dass bis 2030 der
Tierbestand auf einen Drittel reduziert wird. Weideland
wird durch Mulchen und mit Pflanzenkohle zu
Ackerland aufgewertet. Statt Monokulturen ist
Biodiversität im Sinne der Permakultur zu fördern. Auf
Gifte (Pestizide) und Kunstdünger wird weitestgehend
verzichtet. Kleine und genossenschaftliche Betriebe,
welche Konsument*innen bei der Produktion mit
einbeziehen sind zu fördern.

Es ist der Bevölkerung bekannt zu machen, dass das
fruchtbare Land der Schweiz das Potential hat 10
Millionen Menschen zu ernähren. Dies führt zu
Vertrauen und Sicherheit. Praktische Anregungen sind
zu geben wie sich jemensch an der
Lebensmittelproduktion beteiligen kann. Viele
Maschinen können durch Handarbeit und Minimal-
Bearbeitungs-Methoden ersetzt werden.

Das Eidgenössische Departement für Umwelt, Verkehr, Energie und Kommunikation (UVEK)

Bundesämter für Verkehr, für Energie, für Strassen

Die mittelfristige Orientierung geht von einer deutlichen Abnahme des Personen- und Güterverkehrs aus. Der Langsamverkehr (zu Fuss, mit dem Fahrrad) ist zu fördern, durch eigene Pisten mit Vortrittsrecht.

Elektro-Ladestationen werden mindestens so häufig wie heute Tankstellen. Die Stationen bedienen alle Kategorien von Elektro-Fahrzeugen: Velo, Skooter, Auto, Lastwagen. Bis zum Jahr 2030 wird der gesamte Verkehr auf die Hälfte reduziert. Von dieser Hälfte ist 90% elektrisch. Die Begründung für Elektrofahrzeuge ergibt sich aus der Physik: Elektromotoren haben einen fünfmal besseren Wirkungsgrad als Verbrennungsmotoren. Weitere Begründungen: weniger Lärm, keine Abgase.

Da die gefahrene Durchschnittstrecke klein ist (um die 20 Kilometer) genügen kleine Batterien, zumal da überall wiederaufgeladen werden kann.

100 Klimaschutz-Taten von A bis Z

Abfall Refuse, Reduce, Reuse, Recycle. Überflüssiges Verpackungsmaterial dankend ablehnen. Säcke, Tragtaschen und Körbe selbst mitbringen. In Unverpackt-Läden einkaufen. Vieles kann wiederverwendet werden: in die Brockenstube bringen oder im Repair-Shop flicken lassen. Konsequentes Recycling, das heisst sorgfältiges Trennen der Abfälle. Die KVAs (Kehricht-Verbrennungs-Anlagen) gehören heute zu den grössten CO_2-Emittenten. Morgen werden sie kaum mehr nötig sein.

Beton Tief- und Hochbau sind heute ohne Beton kaum denkbar. Das war nicht immer so. Holzhäuser oder Trockensteinmauern zeugen davon. In Zukunft muss weniger und möglichst ohne Beton gebaut werden. Denn die Zementfabriken sind die Industrien mit den höchsten CO_2-Emissionen überhaupt. Alternative Baumaterialien gibt es genug: Holz, Pflanzenfasern, Lehm, Stein und Metalle.

Bier Muss mein Bier auch im Winter eiskalt sein? Regen Sie in Ihrer Beiz an, dass die Kühlschränke von November bis April ein paar Grad höher gestellt werden. Weiter: Sie können Konsumentscheide mit Klimawirkung treffen. Offenes Bier ist weniger klimaschädlich als jenes in Büchsen oder Flaschen. Das von der lokalen Brauerei muss weniger weit transportiert werden als jenes von internationalen

Konzernen. Die Entwicklung geht weiter: Erste Mälzereien in der Schweiz nehmen den Betrieb auf. Der Brauerei-Rohstoff - Malz - muss nicht mehr aus dem Ausland importiert werden. Und Gerste wächst hierzulande wunderbar.

Biolandbau Die Landwirtschaft verursacht rund elf Prozent der weltweiten Treibhausgasemissionen. Der höchste Anteil stammt aus Ackerböden in Form von Lachgas. Bioflächen setzen rund 40 Prozent weniger Lachgas frei als konventionelle Flächen. Quelle: BioAktuell 4/2019, Seite 30 und www.fibl.org

Dusche Sie dürfen gerne das Wasser abstellen, während Sie sich einseifen und massieren. 10 Liter genügen, um sich gründlich zu duschen. Der Durchschnittsverbrauch liegt aber bei 30 Litern.

Effizienzklasse Alle Haushaltgeräte tragen heute ein Etikett mit Bezeichnungen wie A+++. Ein solches Gerät verbraucht im Gegensatz zur Klasse A nur halb so viel Strom. Extrem ist der Effizienzunterschied zwischen Verbrennungs- und Elektromotoren. Benzin- oder Diesel-Motoren können nur einen Fünftel der Energie in Bewegung umwandeln. 80% der Energie verpufft als Wärme.

Flugzeug In Schweden spricht mensch seit einem Jahr - seit den Aktionen von Greta Thunberg - von

Flugscham. Das Fliegen belastet das Klima sehr. Für Strecken bis zu 1'000 km ist der Zug sogar die schnellere Variante, wenn die Zeit in den Flughäfen mitgerechnet wird.

Foodwaste Das Verschwenden von Lebensmitteln ist eine Schande. Eine Milliarde Menschen auf unserem Planeten hungern. Also nur so viel einkaufen wie nötig, sich nicht von der Werbung und den Aktionen verleiten lassen, in lokalen Tauschnetzen überflüssige Lebensmittel verwerten: Foodsharing.

Grundeinkommen Das bedingungslose Grundeinkommen bezüglich Klimaschutz angewandt würde bedeuten, dass jeder Mensch Anrecht auf 1 Tonne CO_2-Emission pro Jahr hat. Jeden Tag hat mensch 2,7 kg CO_2 zur Verfügung um sich zu ernähren und zu vergnügen, um zu wohnen und sich zu bilden, um die Gesundheit und das Wohlbefinden zu erhalten. Im Durchschnitt stossen heute in der Schweiz Lebende 15 Mal zu viel CO_2 aus. Das verfügbare CO_2-Budget reicht also unmöglich, um unseren Lebensstil zu "finanzieren".

Fridays For Future Demonstrieren und Protestieren ist das eine, selbst zur Tat schreiten das nächste. Am Freitag könnten alle Generationen zusammen nachhaltiges, klimabewusstes Leben praktizieren. Statt zu produzieren und konsumieren sollten wir recyclieren; statt im alten

Konkurrenzkampf zu stressen, Neues ausprobieren; statt zu importieren lokal herstellen und reparieren.

Gemeinschaften Gebrauchsgegenstände können kollektiv genutzt werden. Dies fördert die nachbarschaftlichen Kontakte. Beispiele gibt es viele: Maschinenringe, Autoteilet, Leih- und Schenkläden...

Heizen Mit erneuerbaren Energien: Holz, Wärmepumpe, Sonne. "Aber eine Ölheizung ist doch viel billiger." Künftig müssen wir beides berücksichtigen: die Kosten in Franken und die Kosten in Form von CO_2-Emissionen. 1 Liter Heizöl produziert 2,5 kg Treibhausgase. 1 Grad weniger heizen = 4% Energie sparen!

Internet Es soll immer schneller werden und mehr Daten übertragen. Die fünfte Mobilfunkgeneration (5G) ist gesundheitsschädlich und wird viel mehr Strom und Ressourcen verbrauchen als heute. 2020 entfallen knapp 10% des weltweiten Stromverbrauchs auf das Internet. Mit 5G droht eine Vervielfachung des Verbrauchs trotz Effizienzsteigerung der Geräte. Direkte, persönliche Kommunikation bringt viele Mehrwerte: Hören, Sehen, Fühlen und Spüren. Ein echter Dialog. Es gibt Topmanager, die nur noch von Mensch zu Mensch kommunizieren.

Kompost Alle Grünabfälle gehören in den Kompost. Aus Kompost wird fruchtbare Erde. Im Humus ist viel CO_2 gebunden, das sonst in die Atmosphäre gelangen würde. Kompostieren ist ein konkreter Beitrag zum Klimaschutz.

Kreuzfahrten Die Anzahl Passagiere ist von 19 Millionen im Jahr 2010 auf 24 Millionen (2016) gestiegen. Die riesigen Kreuzfahrtschiffe verbrauchen enorme Mengen an Dieselöl. Die Schlemmerei an Bord wird auf die Spitze getrieben. Wanderferien in den Alpen sind eine echte Alternative. Es gibt wunderbare Biohotels und B&Bs, die regionale Produkte servieren.

Kultur Warum ist Kultur zu einem Konsumgut verkommen, oft noch kombiniert mit Essen und Trinken? Wir können Kultur selbst machen, in der Musik-, Tanz- oder Spielgruppe. Zeichnen, Malen, Land-Art. Die angeborene Kreativität bis ins hohe Alter erhalten. Das ist Lebensqualität und verbraucht viel weniger Ressourcen.

Lebenserwartung Forschung und Technik haben uns enorme Fortschritte gebracht. Die Lebenserwartung hat sich in den letzten 100 Jahren fast verdoppelt. Kann ein möglichst langes Leben das absolute Ziel sein, auch wenn es mit der Ausbeutung des Planeten einhergeht? Die Qualität im Leben könnte künftig höher bewertet werden als die Anzahl

Lebensjahre. Ein solcher Wertewandel würde viel zur Nachhaltigkeit beitragen.

Medien Brauchen wir Dutzende Fernsehkanäle oder Radiosender und Hunderte Tageszeitungen oder Zeitschriften? Ist es nicht eher Ablenkung und Zeitvertreib als ein echter Beitrag zur Lebensgestaltung? Machen Sie mal Medienpause. Und spüren Sie, wie sich das anfühlt.

Mobilität Am besten mit eigener Muskelkraft. Zweite Wahl: Elektromotoren, denn diese sind hoch-effizient und produzieren weder Abgase noch Lärm. Die schlechteste Wahl: Verbrennungsmotoren (Benzin, Diesel, Erdgas). Sie verpuffen 4/5 der Energie in Form von Wärme und emittieren Abgase und CO_2. Unsere aktuelle, weitgehend Erdöl-basierte Mobilität ist für 40% der Klima-Erhitzung verantwortlich.

Pflanzliche Ernährung Vegetarisch oder vegan? Das sind Schritte in die richtige Richtung. Es braucht keinen Extremismus. Nur schon die Reduktion von Fleisch, Fisch, Eiern, Käse und anderen Milchprodukten ist ein grosser Beitrag zum Klimaschutz. Die heutige mitteleuropäische Ernährung verursacht 30% der Treibhausgas-Emissionen.

Plastik Fast alle Kunststoffe werden auf der Basis von Erdöl hergestellt. Nach oft sehr kurzer Lebenszeit landet das Plastik im Abfall, in der Natur, in Flüssen,

Seen und Meeren. Die Verschmutzung ist vielfach: Weichmacher und andere Zusatzstoffe vergiften den Boden und das Wasser, CO_2 gelangt in die Atmosphäre und heizt das Klima auf, Mikroplastik-Teilchen haben noch kaum erforschte Auswirkungen. Das Beste ist Plastikabfall zu vermeiden, das heisst z.B. auf Wegwerf-Verpackungen zu verzichten. Seit wenigen Jahren gibt es auch die Möglichkeit, alle Plastikabfälle separat zu sammeln und in modernsten Fabriken zwecks Wiederverwertung zu sortieren (www.sammelsack.ch).

Spitzensport Eine (nicht-repräsentative) Umfrage bei Klima-Jugendlichen weist darauf hin, dass sie lieber selbst Sport betreiben als diesen visuell zu konsumieren. Statt einem riesigen Ressourcen-Verschleiss in Stadien und Medien: Spiele ohne Grenzen im eigenen Quartier oder Dorf veranstalten und erleben.

Standby off Elektro-Geräte bei Nicht-Gebrauch abstellen ist der erste Schritt. Nur verbrauchen viele Geräte dann weiter Strom: sie sind im "Standby"-Modus. Hier helfen Schalter oder Stromleisten, welche die Stromversorgung ganz unterbrechen. "Allein in der Schweiz rechnet man mit einem Stand-by-Sparpotential von 160 Millionen jährlich" (energieschweiz.ch).

Stromversorgung Alle bisher ungenutzten Flachdächer in der Schweiz mit Photovoltaik bestückt würden genug Strom erzeugen für die 4,5 Millionen PKWs, die hierzulande zirkulieren. Der Bedarf an individueller Mobilität und an Transporten wird abnehmen (mehr lokale und regionale Versorgung). Es bleibt also genug Strom auch für die anderen Bereiche: Industrie und Gewerbe, Wärmepumpen und vieles mehr. Lassen Sie Photovoltaik auf dem Dach installieren. Das ist eine gute, enkeltaugliche Investition. Zusatzwert: Unabhängigkeit und nicht-Beteiligung an Erdöl-Kriegen.

Sucht Viele Konsumgewohnheiten sind Ersatzhandlungen. Süsses kompensiert für mangelnde Zuneigung. Zigaretten beruhigen Gestresste. Alkohol betäubt; die Probleme sind beiseitegeschoben. Drogen und Medikamente verleiten dazu, menschliche Grenzen zu sprengen. Suchtkranke zu heilen ist löblich, aber schwierig. Bei den tieferen Ursachen der Sucht ansetzen, ist zukunftsweisend. Da sind wir bei der Zuneigung und Sicherheit, die wir den Klein-Kindern schenken.

Tumbler Für das Trocknen der Wäsche wird nahezu so viel Strom verbraucht wie für das Wäschewaschen selbst. Hängen Sie die Wäsche an die Leine und lüften Sie den Trockenraum gut.

Vieh Weltweit hat sich der Viehbestand (Rinder, Schafe, Ziegen) in den letzten 50 Jahren mehr als verdoppelt. Kühe furzen Methan, ein Treibhausgas das 25-mal stärker ist als CO_2. Um eine tierische Kalorie zu produzieren braucht es gut 10 Mal mehr Ressourcen (Wasser, Boden etc.) als für pflanzliche Nahrungsmittel. Vegetarische oder vegane Mahlzeiten schützen vor Zivilisationskrankheiten.

Währung Das Geld als einziger Massstab aller Dinge hat ausgedient. "Das ist zu teuer" ist nur eine Sicht der Dinge. Wir müssen uns angewöhnen, bei jedem Kauf zu fragen: "Was kostet das an CO_2?"

Wildsammlung Unsere Vorfahren waren Sammler*innen und Jäger*innen. Die Natur wurde von den Menschen nicht gross verändert und sie regenerierte sich von selbst. Bei der Nahrungsmittelsuche war Bewegung und Naturerlebnis automatisch inbegriffen. Die meisten wildwachsenden Pflanzen sind essbar. Diese wieder kennenzulernen und zu nutzen ist ein Schritt in die richtige Richtung.

Wasserkochen Sie wollen eine Tasse Tee. Allein oder zu zweit. Bitte kochen Sie nur gerade so viel Wasser wie Sie wirklich brauchen.

Wein Bis ein Liter Wein auf Ihrem Tisch ist, sind rund 2 kg CO_2 in die Luft gegangen: Rebberg, Keller, Verpackung und Transporte. Im Alltag Wasser trinken - Wein besonders wertschätzen.

Werbung Reklame ist reine Schaumschlägerei. Sie will den Konsum anheizen. Klimaschutz bedingt aber Nullwachstum oder negatives Wachstum in den meisten Bereichen. Gratismuster dankend ablehnen, Werbung in den Medien möglichst ignorieren, auf Verkaufsförderungs-Aktionen versuchen nicht reinzufallen. Genau das kaufen, was ich wirklich will und brauche.

Winter Wohnräume auf 20°C, Schlafräume auf 17°C, Nebenräume auf 10°C heizen. Kein Fenster ständig offenlassen, auch nicht kippen. Zweimal im Tag kurz querlüften.

Zähneputzen 2 Minuten soll eine Zahnpflege dauern, dreimal täglich. Wenn das Wasser während dieser Zeit ständig läuft, ergibt das pro Tag etwa 100 Liter. Um den Mund und das Bürstchen zu spülen, genügen wenige Liter fliessendes Wasser.

zu Fuss 20 Minuten gehen, mehrmals täglich ist äusserst gesund und Sie legen locker einen Kilometer zurück. Zu Fuss zur Post, zum Einkauf, zu den Bekannten...

Zzz Es sind noch nicht 100 Taten. Ihre Idee, Ihre konkrete Tat ist willkommen für die nächste Auflage. Bitte per Email an felix.kuechler@valnature.ch

Gesamtstrategie Netto-Null

Versuch einer (unvollständigen) Zusammenfassung

Das finnische Forschungsinstitut BIOS hat im Oktober 2019 ein Dokument publiziert, das sachlich und klar die Wege aufzeigt wie wir aus der Klimakrise rausfinden. Ich versuche die grossen Linien aufzugreifen und auf die Schweiz anzuwenden.

Treibhausgas-Emissionen

Seit die Menschheit im grossen Stil Kohle und Erdölprodukte verbrennt, hat sich der CO_2-Gehalt in der Luft fast verdoppelt. Dazu kommen die Nutztiere (Kühe, Schweine, Hühner) und verschiedene Industriezweige. Sie produzieren weitere Treibhausgase, zum Beispiel Methan, Lachgas oder Fluorkohlenwasserstoffe. Eine Industrienation wie die Schweiz stösst viel zu viel Treibhausgase aus. Beim CO_2 sind es etwa 15-mal zu viel.

Die Pflanzenwelt entnimmt der Atmosphäre CO_2, spaltet es auf und bindet den Kohlenstoff (C) im Gras oder Holz. Den Tropenwald erhalten und mehr Aufforsten würde die CO_2-Bilanz verbessern. Technische Lösungen, um CO_2-Senken zu schaffen gibt es. Diese verbrauchen aber auch wieder Materialien und Energie.

Aus der Perspektive eines in der Schweiz lebenden Menschen spielen drei Konsumbereiche die hauptsächliche Rolle:

Ernährung, Mobilität und Wohnen-Heizen. Aus der Perspektive der Wirtschaft sind die grössten CO$_2$-Emittenten die Zementfabriken, die Kehrichtverbrennungsanlagen und die chemische Industrie.

Es kann zwischen unverzichtbaren und Luxus-Emissionen unterschieden werden. Notwendig ist das Befriedigen unserer fundamentalen Lebensbedürfnisse, wie Trinken, Essen, Schlafen, sich Kleiden, Soziales, Kulturelles und Spirituelles. Mode, Werbung, Spitzensport sind Beispiele für Bereiche auf die auch verzichtet werden könnte.

Diagnose: Hyperaktivität

Unser Planet, ja die ganze Gesellschaft erscheint in einem überhitzten Zustand. Alles muss schnell, perfekt, effizient und profitabel sein. Hohes Bruttosozialprodukt und Wirtschaftswachstum sind immer noch die dominanten Indikatoren. Um all die Produkte zu verkaufen braucht es Werbung, Reklame, Aktionen, Event-Sponsoring und wie all die Marketing-Tricks heissen. Nebenwirkungen dieses allgemeinen Stress-Syndroms: Verschmutzung von Luft, Wasser, Boden. Viele Menschen leiden körperlich oder psychisch. Die Natur erduldet.

Die Lösungen sind da

Netto-Null-Gesellschaften gibt es schon, gab es seit Urzeiten. Die heutige Herausforderung ist es, aus den vielen fantastischen Errungenschaften der letzten Jahrzehnte die wichtigsten, enkeltauglichsten und erdverträglichsten auszuwählen. Geschätzte 90% der heutigen Industrie-Produkte und -Dienstleistungen werden wohl bis Ende dieses Jahrhunderts verschwunden sein.

In der Ausgestaltung der Zukunft haben sich bereits zwei grundlegende Prinzipien durchgesetzt. Erstens wird nicht mehr zentral-dirigistisch entschieden sondern es blühen vielfältige regionale Initiativen. Zweitens kommt ein urdemokratisches Prinzip zur Anwendung: der Konsens. Vorbei die Zeiten da eine mächtige oder finanzstarke Gruppe ganze Nationen beeinflussen kann.

Mehr Lebensplätze, weniger Arbeitsplätze
Das Leben rückt wieder ins Zentrum und mensch realisiert, dass es nicht nur aus Geld und Karriere besteht. Vernachlässigte Bereiche wie die Zuneigung zu den (Klein-)Kindern oder die Integration der älteren Menschen in die Gesellschaft sind anstehende Aufgaben.

Ein Teil Selbstversorgung mit Lebensmitteln, vermehrtes gemeinschaftliches Nutzen von Geräten und Einrichtungen führen dazu, dass weniger konsumiert wird, also auch weniger produziert werden muss. Das Abschaffen von Verkaufsförderungsmassnahmen bewirkt eine generelle Beruhigung in der Wirtschaftswelt. An die Stelle von Konkurrenz tritt Kollaboration für das Gemeinwohl, die Natur und den Klimaschutz.

Die Mobilität nimmt ab. Es gibt weniger Pendler*innen. Tourismus ist belangloser, da sich die Menschen zu Hause und in der nahen Umgebung wohl fühlen. Gütertransporte sind reduziert, weil Vieles lokal oder regional gefertigt, repariert oder recycelt wird.

Es gibt kein weiteres Wachstum von Wohnfläche. Im Gegenteil: die individuellen Bereiche schrumpfen zu Gunsten von grosszügigen gemeinsamen Räumlichkeiten und Lebenswelten. Haushaltgeräte oder Werkzeuge werden geteilt und haben eine hohe Lebensdauer (10 bis 90 Jahre). Sie sind reparierbar und einfach zu recyceln.

Individuelle und kollektive Schritte
Zurzeit geht ein Ping-Pong-Spiel ab zwischen Individuen und Politik, zwischen Konsument*innen und Wirtschaft, zwischen Strategen und Aktivisten. Jeweils die andere Partei soll die Klimakatastrophe verhindern. Nur wenn jemensch auf allen Ebenen mitdenkt und überall dort agiert wo es möglich ist, wird der Netto-Null-Pfad zügig beschritten werden können.

Demonstrationen, Streiks und ziviler Ungehorsam bewirken Aufmerksamkeit für das Thema Klimaschutz. Da wurde in kürzester Zeit unglaublich viel erreicht. Es sind erst eineinhalb

Jahre her, seit Greta Thunberg's erstem Schulstreik für das Klima!

Beim individuellen Handeln gibt es noch viel Potential. Jede pflanzliche statt tierische Speise, jeder Gang zu Fuss oder jede Fahrt mit dem Velo statt mit dem Auto, jeder Konsumverzicht (Minimalismus!), jedes Recycling zählt. Es ist beispielsweise noch viel zu wenig bekannt, dass heute alle Plastik-Materialien wiederverwertet werden können. Eine ultramoderne Fabrik im Thurgau (Ost-Schweiz) verwandelt die verschiedenen Kunststoff-Abfälle in Reingranulate. Klar: es ist besser überhaupt kein Plastik zu verbrauchen.

Kollektives Handeln: Gemeinsam sind wir gescheiter und wirksamer. Im Kreis sammeln wir vielfältige Ideen und setzen das um, was wir können. Die Möglichkeiten sind zahllos. Beispiel Familienfest: Angereist wird mit sanfter Mobilität, es gibt regionale Obstsäfte statt importierten Orangensaft, die Grillwurst wird zum Gemüse-Spiess, der Treffpunkt ist eine Waldhütte statt dem Restaurant, Unterhaltung und Musik sind selbstgemacht. Zum Schluss werden alle Abfälle getrennt und wiederverwertet.

Im Durchschnitt sei jede Schweizer*in in etwa 3 Vereinen. Das individuelle Bewusstsein für den Klimaschutz kann hier vervielfacht werden. Es macht einen Unterschied, wenn der Fussballklub das Flutlicht sofort nach dem Training ausschaltet oder im Klubraum eine Alternative zum Wegwerfgeschirr findet. Der Kirchenchor macht beim Jubiläum eine Wanderung statt einer Carreise. Und beim Openair, beim Uni-Fest, im Kegelclub...

Von der Wirtschaft unabhängige Medien

Es gibt kaum noch einen freien Journalismus, denn die Medien sind stark durch die Werbung finanziert. Indirekt bestimmen somit Konzerne welche Nachrichten genehm sind. Diese unheilvolle Allianz muss aufgelöst werden.

Schritte in diese Richtung können sein: Reduktion des Medienkonsums, bessere Überwachung bezüglich Falschnachrichten und entsprechende Sanktionen. Aktives Unterstützen von independenter Berichterstattung ist eine weitere Möglichkeit.

Werbung abschaffen

Was ist Werbung anderes als Schaumschlägerei? Verbessern Plakatwände, TV-Spots oder farbige Prospekte unsere Lebensqualität? Im Gegenteil: dieses unablässige Bombardement aus den verschiedensten Kanälen macht nervös und lenkt ab vom Wesentlichen. Anstelle von werbepsychologischen Halbwahrheiten müssen konkrete, nützliche Informationen und praktische Anregungen treten für eine postindustrielle Gesellschaft. Eine Volksinitiative für eine werbefreie Schweiz gäbe dem Gesetzgeber einen Impuls.

Die Verantwortung der Politik

So wie die Medien ist auch die Politik auf den drei Ebenen - Gemeinde, Kanton und Bund - geprägt von den jetzigen Wirtschaftsinteressen. Die Wirtschaft muss als nur einer von vielen Lebensbereichen erkannt werden und zurücktreten zu Gunsten jener Bereiche, die in den letzten Jahrzehnten vernachlässigt wurden. Etwa die Sorge um Mitmenschen (Kinder, Kranke, behinderte oder ältere Menschen), die Pflege des Lebensumfeldes oder Gartenarbeit. Dazu gehört auch der Einsatz für Natur und Umwelt. Es fällt auf, dass es genau jene Arbeiten sind, die bisher meist ohne Lohn oder in Freiwilligenarbeit geleistet wurden.

Messwerte einer enkeltauglichen Politik sind: Lebensqualität, Glück, Erhalt unserer natürlichen Lebensgrundlage (Luft, Wasser, Humus) und sofortige Reduktion aller verschmutzenden und klimaerhitzenden Emissionen.

Quellen und Verbindungen

Literatur und Webseiten

Fumio Sasaki. Goodbye Things; the new japanese minimalism.

Beat Ringger. Das System Change Klimaprogramm. Denknetz. Edition8. 2019

BIOS, Finnland. Ecological Reconstruction. https://eco.bios.fi/ . 2019

Klimaschutz Gruppierungen in der Schweiz

Klimastreik Schweiz

Die 3 Forderungen:

- Wir fordern, dass die Schweiz den nationalen Klimanotstand ausruft: "Die Schweiz anerkennt die Klimakatastrophe als zu bewältigende Krise. Sie hat folglich auf diese Krise zu reagieren und die Gesellschaft kompetent darüber zu informieren."
- Wir fordern, dass die Schweiz bis 2030 im Inland netto 0 Treibhausgasemissionen ohne Einplanung von Kompensationstechnologien verursacht. Die netto Treibhausgasemissionen müssen zwischen 1.1.2020 und 1.1.2024 um mindestens 13% pro Jahr sinken, und danach

um mindestens 8% pro Jahr sinken bis 1.1.2030. Alle Anteile verstehen sich relativ zu den Emissionen von 2018.

- Wir fordern Klimagerechtigkeit.

Falls diesen Forderungen im aktuellen System nicht nachgekommen werden kann, braucht es einen Systemwandel.

www.climatestrike.ch

Klimaseniorinnen

Unsere Grundrechte sind bedroht, die zuständigen Stellen tun aber zu wenig, um die Klimaerwärmung auf ein ungefährliches Ausmass zu begrenzen. Als Frau im Pensionsalter können Sie Mitglied werden.

www.klimaseniorinnen.ch

Grosseltern für das Klima (Grands parents pour le climat)
Diese Basisbewegung für den Schutz des Klimas ist aus der Sorge der Generation von uns Grosseltern um die sich verschlechternden Lebensbedingungen auf dem Planeten Erde entstanden. Unser Engagement umfasst allerdings weit mehr als unsere eigenen Familien und zielt letztlich auf Veränderungen unseres Konsumverhaltens ab.

www.gpclimat.ch/de

Eltern fürs Klima

Du findest es super, was die SchülerInnen bereits bewirkt haben und willst Dich als Teil der Elterngeneration einbringen? Du willst das Leben Deiner Kinder, Gotte-/Göttikinder, Nichten und Neffen vor der Klimakrise schützen? Wir fordern eine lebenswerte Zukunft – wir brauchen eine Lösung für die ganze Gesellschaft!
www.elternfuersklima.ch

Berufsgruppen für das Klima oder für die Zukunft ("For Future" oder "4Future")

Architekten: Architects4Future

Gesundheitsberufe: Health4Future

Wissenschaftler*innen   Scientists4Future

www.scientists4future.org

(Diese Liste ist unvollständig.)

Gründen Sie Ihre eigene Berufsgruppe für den Klimaschutz, für künftige Generationen!

Volksinitiativen mit Klimaschutz-Wirkung

(Diese Liste wird laufend ergänzt.)

Gletscher-Initiative

Mit dieser Volksinitiative wird der Klimaschutz in der Bundesverfassung verankert.

www.gletscher-initiative.ch

Trinkwasser-Initiative (Initiative für sauberes Trinkwasser)

Direktzahlungen an die Landwirtschaft fliessen zu jenen Betrieben, die keine Pestizide versprühen und die Tiere ohne prophylaktische Antibiotika-Gaben aufziehen.

www.initiative-sauberes-trinkwasser.ch

Konzernverantwortungs-Initiative

Konzerne sollen für Verschmutzungen, Vertreibungen von Einwohnern, für den Einsatz tödlicher Pestizide etc. verantwortlich sein.

www.konzern-initiative.ch

Erwähnte Projekte

newTree: Wiederbewaldungen im Sahel   www.newtree.org

Maternité Désirée: natürliche Empfängnisregelung in Afrika

www.maternitedesiree.org

Dank

Allen die zu "Klimaschutz konkret" beigetragen haben und beitragen werden: herzlichen Dank.

Unsere Bio-Spezialitäten mit Klimaschutz: www.verjusbio.ch

Kontaktadresse: Felix A. Küchler, ValNature, PF 100, CH 3970 Salgesch, Schweiz